AF110303

www.ingramcontent.com/pod-product-compliance
Lightning Source LLC
LaVergne TN
LVHW021240080526
838199LV00088B/5439
* 9 7 8 9 3 5 8 7 2 8 1 2 5 *

خسارے سے بچاؤ

(مضامین)

ڈاکٹر ولید خالد الربیع

اردو ترجمہ:

محمد طیب معاذ

© Taemeer Publications LLC

Khasaare se Bachaao *(Essays)*
by: Dr. Waleed Khalid
Edition: June '2024
Publisher :
Taemeer Publications LLC (Michigan, USA / Hyderabad, India)

ISBN 978-93-5872-812-5
9 789358 728125

مصنف یا ناشر کی پیشگی اجازت کے بغیر اس کتاب کا کوئی بھی حصہ کسی بھی شکل میں بشمول ویب سائٹ پر اَپ لوڈنگ کے لیے استعمال نہ کیا جائے۔ نیز اس کتاب پر کسی بھی قسم کے تنازع کو نمٹانے کا اختیار صرف حیدرآباد (تلنگانہ) کی عدلیہ کو ہو گا۔

© تعمیر پبلی کیشنز

کتاب	:	**خسارے سے بچاؤ** (مضامین)
مصنف	:	**ڈاکٹر ولید خالد الربیع**
اردو ترجمہ	:	**محمد طیب معاذ**
جمع و ترتیب / تدوین	:	**اعجاز عبید**
صنف	:	مذہب
ناشر	:	تعمیر پبلی کیشنز (حیدرآباد، انڈیا)
سالِ اشاعت	:	۲۰۲۴ء
صفحات	:	۲۴
سرورق ڈیزائن	:	تعمیر ویب ڈیزائن

فہرست

(۱) خسارے کی حقیقت
(۲) خسارہ کے اسباب
(۳) شرک
(۴) لقائے الٰہی کا انکار
(۵) شیطان سے دوستی
(۶) بد ظنی اور بد عملی
(۷) وعدہ شکنی
(۸) تدبیر الٰہی سے بے خوفی
(۹) دنیاوی امور میں حد سے زیادہ مشغولیت
(۱۰) خسارہ کے اثرات
(۱۱) دنیا و آخرت میں نقصان
(۱۲) اعمال کی بے وزنی
(۱۳) نفس اور اہل و عیال کو نقصان
(۱۴) اعمال کی بربادی
(۱۵) رحمت الٰہی سے محرومی
(۱۶) جہنم کا داخلہ
(۱۷) خسارے سے بچاؤ۔۔۔ مگر کیسے ؟

خسارہ

اللہ رب العزت نے قرآن مجید میں یہ حقیقت پوری طرح واضح فرمائی ہے کہ دنیا میں اس کے احکامات کی پاسداری کا نتیجہ ابدی سعادت ہے۔ اس کے برعکس، ہدایات الٰہی سے روگردانی انسان کی زندگی کو تلخ بنا دیتی ہے۔ اللہ احکم الحاکمین نے قرآن مجید میں بارہا مقامات پر انسان کو خسارے کے اسباب اور نقصانات سے آگاہ فرمایا ہے پھر اس پر مستزاد انسان کو اس خسارے سے محفوظ رہنے کے ذرائع کے بارے میں بھی مطلع کیا ہے۔ درج ذیل سطور میں اختصار کے ساتھ خسارے کے حقیقی اسباب، نتائج اور اس سے بچنے کے طریقے قلمبند کئے گئے ہیں۔

خسارے کی حقیقت

خسارہ عربی زبان کا لفظ ہے جس کا مادہ خ، س، ر ہے جو کہ اپنے معنی کے اعتبار

سے نقصان، گھاٹے وغیرہ پر منطبق ہوتا ہے۔ حقیقت میں خسارہ دنیا میں انعامات سے محرومی نہیں بلکہ آخرت میں جنت الفردوس کے حصول میں ناکامی، دیدار الٰہی سے محرومی اصل خسارہ اور نقصان ہے۔ فرمان ربانی ہے:

فَمَنْ زُحْزِحَ عَنِ النَّارِ وَاُدْخِلَ الْجَنَّۃَ فَقَدْ فَازَ

"جو (خوش قسمت) آگ سے بچایا گیا جنت میں داخل کر دیا گیا حقیقت میں کامیاب وہی ہے۔" (آل عمران 185)

خسارہ کے اسباب

شرک

اللہ کی ذات، صفات، افعال میں کسی بھی چیز کو شریک کرنا شرک کہلاتا ہے اور شرک ہی انسان کے لئے دنیا و آخرت میں خسارے کا بنیادی سبب ہے جیسا کہ ارشاد رب العالمین ہے:

وَلَقَدْ أُوحِیَ إِلَیْکَ وَإِلَی الَّذِیْنَ مِنْ قَبْلِکَ لَئِنْ أَشْرَکْتَ لَیَحْبَطَنَّ عَمَلُکَ وَلَتَکُونَنَّ مِنَ الْخَاسِرِیْنَO (زمر 65)

"اور بلاشبہ آپ کی طرف اور ان لوگوں کی طرف، جو آپ سے پہلے ہوئے

(یہ) وحی کی گئی کہ اگر آپ نے شرک کیا تو آپ کے اعمال ضرور ضائع ہو جائیں گے اور آپ ضرور خسارہ اٹھانے والوں میں سے ہو جائیں گے۔"

امام ابن کثیر رحمہ اللہ فرماتے ہیں کہ یہ (خسارہ) اس لئے ہے کہ شرک سے آدمی کے نیک عمل ختم ہو جاتے ہیں اور اس کی زندگی تلخ ہو جاتی ہے۔"

لقائے الٰہی کا انکار

قیامت ایک اٹل حقیقت ہے۔ روز حشر رب تعالیٰ کے حضور پیشی کا یقین رکھنا لازمی امر ہے لیکن جو لوگ اللہ سے ملاقات اور حشر کے قیام کے منکر ہیں وہ نقصان اور خسارہ پانے والے ہیں جیسا کہ ارشاد ربانی ہے:

قَدْ خَسِرَ الَّذِيْنَ كَذَّبُواْ بِلِقَاء اللّهِ حَتَّى إِذَا جَاء تْهُمُ السَّاعَۃُ بَغْتَۃً قَالُواْ يَا حَسْرَتَنَا عَلَى مَا فَرَّطْنَا فِيْهَا وَہُمْ يَحْمِلُونَ أَوْزَارَہُمْ عَلَى ظُهُورِہِمْ أَلاَ سَاء مَا يَزِرُونَO

"بیشک وہ لوگ خسارے میں رہے جنہوں نے اللہ سے ملاقات کو جھٹلایا حتی کہ جب انکے پاس قیامت اچانک آجائے گی تو وہ کہیں گے "ہائے افسوس! ہم سے اس معاملے میں کیسی کوتاہی ہوئی! اور اپنے بوجھ اپنی پیٹھ پر اٹھائے ہوئے ہوں گے۔" (انعام 31)

الشیخ عبد الرحمٰن بن ناصر السعدی اس آیت کی تفسیر میں فرماتے ہیں کہ جو

شخص اللہ کے ساتھ ملاقات کا انکاری ہے وہ خائب وخاسر اور ہر قسم کی بھلائی سے محروم ہے۔

یادرکھئے! قیامت کی تکذیب آدمی کو محرمات کے ارتکاب پر اکساتی ہے اور ہلاکت کا موجب بننے والے اعمال کرنے پر آمادہ کرتی ہے۔

کفروارتداد اور اسلام سے روگردانی

انسان اگر کفروارتداد کا راستہ اختیار اور اسلام سے اعراض اور پہلو تہی کرے تو یہ قبیح عمل بھی خسارے اور نقصان فی الدارین کا موجب ہے، جیسا کہ اس امر کی وضاحت اس آیت میں ہے:

الَّذِيْنَ آتَیْنَاہُمُ الْكِتَابَ يَتْلُونَہُ حَقَّ تِلاَوَتِہِ أُوْلَـئِکَ يُؤْمِنُونَ بِہِ وَمن يَكْفُرْ بِہِ فَأُوْلَـئِکَ ہُمُ الْخَاسِرُونَO (البقرہ121)

"جن لوگوں کو ہم نے کتاب دی وہ اس کی تلاوت کرتے ہیں جس طرح اس کی تلاوت کا حق ہے وہی لوگ اس پر ایمان لاتے ہیں اور جو اس کو نہیں مانتے وہی (حقیقت میں) خسارہ پانے والے ہیں۔"

دوسرے مقام پر ارشاد رب العالمین ہے:

وَمَن يَكْفُرْ بِالإِيْمَانِ فَقَدْ حَبِطَ عَمَلُہُ وَہُوَ فِیْ الآخِرَۃِ مِنَ الْخَاسِرِيْنَO

"جو شخص ایمان کا انکار کرتا ہے اس کے اعمال ضائع ہو گئے (جبکہ) روز قیامت وہ خسارہ پانے والوں میں سے ہو گا۔"(المائدہ5)

الشیخ عبد الرحمن بن ناصر السعدی فرماتے ہیں کہ ان کا شمار ان لوگوں میں ہو گا جو قیامت کے روز اپنی جان، مال اور اپنے اہل و عیال کے بارے میں سخت خسارہ میں ہوں گے اور ابدی بد بختی ان کا نصیب، جبکہ جنت سے محرومی ان کا مقدر ہو گی۔

شیطان سے دوستی

شیطان انسان کا ازلی و ابدی دشمن ہے جس کی عداوت اظہر من الشمس ہے مگر افسوس کہ مسلمان زیادہ تر اسی شیطان کو ہی اپنا دوست بناتا ہے اس کے کہنے پر برے اعمال انجام دیتا ہے بالآخر یہی روش انسان کو خاسرین کی صف میں لے جاتی ہے۔ رب العزت کا فرمان ذی شان ہے:

وَمَن يَتَّخِذِ الشَّيْطَانَ وَلِيّاً مِّن دُونِ اللّهِ فَقَدْ خَسِرَ خُسْرَاناً مُّبِيْناًO

"اور جو شخص اللہ کو چھوڑ کر شیطان کو اپنا دوست بنالے تو وہ یقیناً کھلے نقصان میں جا پڑا۔"(النساء119)

الشیخ السعدی فرماتے ہیں "جو بد بخت دین و دنیا کے خسارے میں پڑ جائے اور جسے اس کے گناہ ہلاک کر کے رکھ دیں اس سے زیادہ واضح اور بڑا خسارہ کیا ہو سکتا ہے وہ ہمیشہ رہنے والی جنت کی نعمتوں سے محروم ہو کر بد نصیبی میں مبتلا ہو گئے۔ اس کی غماضی یہ آیت کرتی ہے:

اسْتَحْوَذَ عَلَيْهِمُ الشَّيْطَانُ فَأَنسَاهُمْ ذِكْرَ اللَّهِ أُوْلَئِكَ حِزْبُ الشَّيْطَانِ أَلَا إِنَّ حِزْبَ الشَّيْطَانِ هُمُ الْخَاسِرُونَO

"ان پر شیطان غالب آگیا ہے پھر اس نے انہیں اللہ کے ذکر سے غافل کر دیا یہ لوگ شیطان کے گروہ ہیں خبر دار! یاد رکھئے کہ شیطانی گروہ ہی خسارہ پانے والا ہے۔" (المجادلہ 19)

بد ظنی اور بد عملی

اللہ تعالیٰ کے وعدوں پر یقین نہ رکھنا اور بد ظنی سے کام لینا بھی خسارے کا باعث اور نقصان فی الدارین کا موجب ہے اللہ رب العزت کا فرمان ہے:

وَذَلِكُمْ ظَنُّكُمُ الَّذِي ظَنَنتُم بِرَبِّكُمْ أَرْدَاكُمْ فَأَصْبَحْتُم مِّنَ الْخَاسِرِينَO

"اور تمہارا یہی (برا) گمان جو تم نے اپنے رب کے بارے میں کیا، اسی نے تمہیں ہلاک کیا چنانچہ تم خسارہ پانے والوں میں سے ہو گئے۔" (حم السجدہ 23)

سیدنا حسن رحمہ اللہ اس آیت کی تفسیر میں فرماتے ہیں کہ "خبردار! لوگ اللہ پر اپنے گمان کے مطابق اعمال کرتے ہیں مومن و موحد آدمی کا اللہ کے ساتھ گمان اچھا ہوتا ہے۔ اس لئے وہ اعمال صالحہ میں سبقت لے جاتا ہے اور کافر و منافق چونکہ رب اللہ تعالی کے ساتھ بد ظن ہوتے ہیں اس لئے بد عملی کے عادی ہیں۔"

وعدہ شکنی

اللہ کے ساتھ کئے گئے وعدوں کی پاسداری نہ کرنا انسان کو عظیم خسارہ سے دوچار کر دیتا ہے۔ فرمان رب العزت ہے:

الَّذِيْنَ يَنقُضُونَ عَهْدَ اللَّهِ مِن بَعْدِ مِيْثَاقِهِ وَيَقْطَعُونَ مَا أَمَرَ اللَّهُ بِهِ أَن يُوصَلَ وَيُفْسِدُونَ فِيْ الأَرْضِ أُولَـئِكَ هُمُ الْخَاسِرُونَO

"جو لوگ اللہ کا عہد پکا کر لینے کے بعد اسے توڑتے ہیں اور جن (رشتوں) کو اللہ نے جوڑنے کا حکم دیا ہے انہیں کاٹتے ہیں اور زمین پر فساد کرتے ہیں وہی لوگ خسارہ اٹھانے والے ہیں۔" (البقرہ 27)

تفسیر سعدی میں ہے کہ "اللہ تعالیٰ نے فاسقوں کا وصف بیان کیا ہے کہ وہ اللہ کے عہد کو پختہ کرنے کے بعد توڑ دیتے ہیں آیت میں عہد کا لفظ عام ہے اس سے مراد وہ عہد بھی ہے جو ان کے اور انکے رب کے درمیان ہے اور اس کا اطلاق اس

عہد پر بھی ہوتا ہے جو کہ انسان ایک دوسرے کے ساتھ کرتے ہیں اللہ رب العزت نے اپنا ایفائے عہد کی سخت تلقین فرمائی، مگر کافر لوگ ان وعدوں کی پرواہ نہیں کرتے ان کو توڑتے اور حکم الٰہی سے اعراض کرتے، گمراہی و معاصی کے مرتکب ہوتے ہیں اور آپس کے معاہدوں کا پاس نہیں رکھتے۔

تدبیر الٰہی سے بے خوفی

اللہ تبارک و تعالیٰ نافرمان لوگوں کے ساتھ اپنی تدبیر سے انتقام لیتا ہے مگر کچھ بدبخت لوگ پھر بھی تدبیر الٰہی سے بے خوف رہتے ہیں اور رب تعالیٰ کے انتقام سے بچنے کا ذریعہ (احکامات الٰہی پر عمل کرنا) اختیار نہیں کرتے۔ باری تعالیٰ نے ایسے ظالم لوگوں کو نقصان اٹھانے والے قرار دیا ہے۔ جیسا کہ قرآن مجید میں ارشاد رب العزت ہے:

اَفَاَمِنُوْا مَكْرَ اللّٰهِج فَلاَ يَاْمَنُ مَكْرَ اللّٰهِ اِلَّا الْقَوْمُ الْخٰسِرُوْنَO

"کیا وہ پھر اللہ کی تدبیر سے بے خوف ہو گئے؟ اللہ کی تدبیر سے بے خوف تو وہی لوگ ہوتے ہیں جو خسارہ پانے والے ہوں۔" (الاعراف ۹۹)

دنیاوی امور میں حد سے زیادہ مشغولیت

دنیا ایک مسافر خانہ، مومن آدمی اس میں دل لگا کر اپنی اصل منزل (آخرت

) کو بھولتا نہیں ہے۔ مگر چند قابل ترس لوگ ایسے بھی ہیں جنہوں نے دنیاوی معاملات (مال و دولت اور آل و اولاد) میں مشغول ہو کر اپنے حقیقی مقصد کو بھلا دیا ہے۔ یہی لوگ در حقیقت نقصان سے دوچار ہوں گے۔ قرآن مجید نے اس حقیقت کا اظہار کرتے ہوئے فرمایا:

يَا أَيُّهَا الَّذِيْنَ آمَنُوا لَا تُلْهِكُمْ أَمْوَالُكُمْ وَلَا أَوْلَادُكُمْ عَن ذِكْرِ اللَّهِ وَمَن يَفْعَلْ ذَلِكَ فَأُوْلَئِكَ هُمُ الْخَاسِرُونَO

"اے ایمان والو! تمہارا مال اور تمہاری اولادیں تمہیں اللہ کے ذکر سے غافل نہ کر دیں اور جو ایسا کریں گے تو وہی لوگ خسارہ پانے والے ہیں۔" (المنافقون 9)

اس آیت میں اللہ تعالیٰ نے اپنے مومن بندوں کو کثرت سے اپنا ذکر کا حکم دیا ہے اور اس بات سے منع فرمایا ہے کہ مال و اولاد میں ہی مشغول ہو کر نہ رہ جائیں۔ یاد رکھیئے جو شخص دنیا کی زندگی اور زیب و زینت ہی کو اپنا مطمع نظر بنانے اور اپنے خالق کی اطاعت اور اس کے ذکر سے غافل ہو جائے تو ان کا شمار ان خسارہ پانے والوں میں ہو گا جو قیامت کے دن اپنے آپ کو اور اپنے اہل و عیال کو بھی نقصان و خسارے میں مبتلا کر دیں گے۔

خسارہ کے اثرات

خاسر آدمی کے دنیا و آخرت میں نتائج و عواقب کیا ہیں؟ قرآن پاک کی متعدد آیات میں اس سوال کا جواب دیا گیا ہے۔ جن میں سے چند ایک اہم نتائج و اثرات درج ذیل ہیں۔

دنیا و آخرت میں نقصان

خاسر آدمی در حقیقت دنیا و آخرت کی بھلائیوں سے محروم رہتا ہے۔ سورۃ الحج میں رب العزت نے ارشاد فرمایا:

وَمِنَ النَّاسِ مَن يَعْبُدُ اللَّہَ عَلَى حَرْفٍ فَإِنْ أَصَابَہُ خَيْرٌ اطْمَأَنَّ بِہِ وَإِنْ أَصَابَتْہُ فِتْنَۃٌ انقَلَبَ عَلَى وَجْہِہِ خَسِرَ الدُّنْيَا وَالْآخِرَۃَ ذَلِكَ ہُوَ الْخُسْرَانُ الْمُبِيْنُO

"اور لوگوں میں سے کوئی اللہ کی عبادت کنارے پر کرتا ہے پھر اگر اسے بھلائی مل جائے تو اس پر مطمئن ہو گیا اور اگر اسے کوئی آزمائش آپڑی تو اپنے چہرے کے بل پلٹ جاتا ہے اس نے دنیا و آخرت میں خسارہ اٹھایا۔ یہی تو صریح نقصان ہے۔" (الحج 11)

ابن کثیر رحمہ اللہ اس آیت کی تفسیر میں فرماتے ہیں کہ خسر الدنیا و الآخرۃ (اس نے دنیا میں بھی نقصان اٹھایا اور آخرت میں بھی) سے مراد یہ ہے کہ اس نے

دنیا میں بھی کچھ حاصل نہیں کیا اور آخرت میں باری تعالیٰ کے ساتھ کفر کرنے کی وجہ سے حد درجہ کی شقاوت اور رسوا کر دینے والے عذاب سے دوچار ہو گا اس لئے تو آیت کے آخر میں فرمایا کہ

"یہی صریح نقصان یہ عظیم ترین خسارہ اور ناکام ونامراد سودا ہے۔"

اعمال کی بے وزنی

روز قیامت اعمال کا وزن ہو گا نیکیوں کا پلڑا بھاری ہونے کی صورت میں آدمی جنت میں داخل ہو گا اور اگر برائیوں کا والا پلڑا جھک گیا تو دائمی جہنم کا عذاب ہو گا۔ خسارہ کا نتیجہ یہ بھی ہے کہ نیک اعمال کے وزن کا پلڑا ہلکا ہو گا جیسا کہ ارشاد رب العالمین ہے:

وَالْوَزْنُ يَوْمَئِذٍ الْحَقُّ فَمَن ثَقُلَتْ مَوَازِيْنُہٗ فَأُوْلَـئِکَ ہُمُ الْمُفْلِحُونَO وَمَنْ خَفَّتْ مَوَازِيْنُہٗ فَأُوْلَـئِکَ الَّذِيْنَ خَسِرُواْ أَنفُسَہُم بِمَا كَانُواْ بِآيَاتِنَا يِظْلِمُونَO

" اور اس دن اعمال کا وزن کیا جانا برحق ہے پھر جس شخص کے (نیک اعمال کے) وزن بھاری ہو گئے تو وہی لوگ فلاح پانے والے ہیں اور جس شخص (نیک اعمال کے) وزن ہلکے ہو گئے وہی لوگ ہیں جنہوں نے اپنی جانوں کو خسارہ میں ڈالا اس لئے کہ ہماری آیات کے ساتھ بے انصافی کرتے تھے۔" (الاعراف 9-8)

نفس اور اہل و عیال کو نقصان

یاد رکھیئے! جو لوگ اپنے برے اعمال کے سبب خاسرین کی فہرست میں شامل ہوتے ہیں وہ صرف اپنا نقصان نہیں کرتے بلکہ وہ اپنے اعزاء و اقارب اور اہل و عیال کے کئے شدید نقصان کا باعث ہیں۔ سورہ زمر میں ارشاد ربانی ہے:

قُلْ اِنَّ الْخٰسِرِیْنَ الَّذِیْنَ خَسِرُوْٓا اَنْفُسَہُمْ وَاَھْلِیْہِمْ یَوْمَ الْقِیٰمَۃِط اَ لَا ذٰلِکَ ھُوَالْخُسْرَانُ الْمُبِیْنُO

"تو تم اس کے سوا جس کی چاہو عبادت کرو۔ کہہ دیجئے! بلا شبہ خسارہ اٹھانے والے تو وہ لوگ ہیں جنہوں نے روز قیامت اپنے گھر والوں کو (بھی) خسارے میں ڈالا خبر دار! یہی صریح خسارہ ہے۔" (زمر 15)

خسروا انفسھم۔ اپنی جانوں کو خسارے میں ڈالا یعنی جہنم میں ہمیشہ داخلے کی بنیاد پر اپنے آپ کو خسارے میں ڈالا۔

"اپنے گھر والوں کو بھی خسارے میں ڈالا۔"

یعنی اب وہ اپنے گھر والوں سے جدا ہو چکے ہیں اور ان کی کبھی بھی آپس میں ملاقات نہ ہو سکے گی خواہ یہ صورت ہو کہ وہ ان کے گھر والے جنت کے مکین بن گئے ہوں اور وہ جہنم کے یا وہ تمام جہنم رسید ہو گئے ہوں اب وہ کبھی بھی اکٹھے نہیں

ہو سکتے اور ہی نہ راحت و سرور کا پا سکتے ہیں۔

گمراہ خاسر آدمی ہدایت سے محروم رہتا ہے

باری تعالیٰ کا فرمان ہے:

مَن يَهْدِ اللّٰہُ فَهُوَ الْمُهْتَدِیْ وَمَن يُضْلِلْ فَأُوْلَـئِکَ ہُمُ الْخَاسِرُونَO (اعراف178)

"جس کو اللہ تعالیٰ ہدایت دے وہی ہدایت یافتہ ہے اور جس کو گمراہ کرے تو ایسے لوگ خسارے والے ہیں۔"

اعمال کی بربادی

دنیاوی زندگی میں کوئی آدمی اپنی محبت کو رائے گاں جاتے ہوئے نہیں دیکھ سکتا۔ مگر خاسر کے (اعمال) آخرت میں برباد کر دئے جائیں گے۔ ارشاد باری تعالیٰ ہے:

كَالَّذِیْنَ مِن قَبْلِكُمْ كَانُواْ أَشَدَّ مِنكُمْ قُوَّةً وَأَكْثَرَ أَمْوَالاً وَأَوْلاَداً فَاسْتَمْتَعُواْ بِخَلاقِهِمْ فَاسْتَمْتَعْتُم بِخَلاَقِكُمْ كَمَا اسْتَمْتَعَ الَّذِیْنَ مِن قَبْلِكُمْ بِخَلاَقِهِمْ وَخُضْتُمْ كَالَّذِیْ خَاضُواْ أُوْلَـئِکَ حَبِطَتْ أَعْمَالُهُمْ فِیْ الُّدنْيَا وَالآخِرَةِ وَأُوْلَئِکَ ہُمُ الْخَاسِرُونَO (توبہ 69)

"(تم منافق لوگ) ان لوگوں کی طرح (ہو) جو تم سے پہلے تھے، وہ قوت میں تم سے کہیں زیادہ زبردست اور مال و دولت میں کہیں زیادہ تھے، چنانچہ وہ دنیا میں اپنے حصے سے بہرہ یاب ہو چکے۔ جس طرح وہ تم سے پہلے والے لوگ اپنے (دنیاوی) حصہ سے بہرہ یاب ہو چکے۔ اور تم بھی فضول باتوں میں الجھے رہے جس طرح وہ فضول باتوں میں الجھے رہے۔ یہی لوگ ہیں جن کے اعمال دنیا و آخرت میں برباد ہو گئے اور یہی لوگ خسارہ پانے والے ہیں۔"

"ان کے اعمال برباد ہو گئے" کا معنیٰ یہ ہے کہ ان کے اعمال ضائع ہو گئے اور ان کا کوئی ثواب نہیں ملے گا کیونکہ یہ فاسد ہیں۔ خسارہ اٹھانے والے یہی ہیں کیونکہ وہ اعمال کے باوجود ثواب سے محروم رہیں گے۔

رحمت الٰہی سے محرومی

ہر صاحب ایمان شخص دنیا و آخرت میں باری تعالیٰ کی رحمت کا امیدوار ہے، گناہوں کی معافی ہی ہر انسان کی خواہش ہے۔ لاریب کہ باری تعالیٰ بہت زیادہ رحم کرنے والا اور اپنے گناہگار بندوں کے گناہوں کو معاف کرنے والا ہے مگر جب سیدنا نوح علیہ السلام کی دعا پر غور کرتے ہیں تو ہمیں یہ علم ہوتا ہے کہ خاسر آدمی ان

دونوں نعمتوں سے محروم ہے۔ ارشاد ربانی ہے:

رَبِّ إِنِّیْ أَعُوذُ بِکَ أَنْ أَسْأَلَکَ مَا لَیْسَ لِیْ بِہِ عِلْمٌ وَإِلاَّ تَغْفِرْ لِیْ وَتَرْحَمْنِیْ أَکُن مِّنَ الْخَاسِرِیْنَO (هود 47)

"نوح علیہ السلام نے کہا! اے میرے رب بے شک میں تیری پناہ میں آتا ہوں اس سے کہ میں تجھ سے اس چیز کا سوال کروں جس کا مجھے کوئی علم نہیں، اور اگر تونے معاف نہ کیا اور مجھ پر رحم نہ کیا تو میں خسارہ پانے والوں میں ہو جاؤں گا۔"

جہنم کا داخلہ

قرآن نے واضح الفاظ میں انسان کی حقیقی کامیابی کو بیان کیا ہے کہ

کُلُّ نَفْسٍ ذَآئِقَۃُ الْمَوْتِ وَإِنَّمَا تُوَفَّوْنَ أُجُورَکُمْ یَوْمَ الْقِیَامَۃِ فَمَن زُحْزِحَ عَنِ النَّارِ وَأُدْخِلَ الْجَنَّۃَ فَقَدْ فَازَ وَما الْحَیَاۃُ الدُّنْیَا إِلاَّ مَتَاعُ الْغُرُورِO (آل عمران 185)

"جو آگ سے بچالیا گیا اور جنت میں داخل کر دیا گیا (حقیقت میں) یہی آدمی بہت عظیم کامیابی کا حقدار ہے۔"

مگر خاسر آدمی اس ابدی سعادت سے محروم ہے۔

ارشاد رب العالمین ہے:

لِیَمِیْزَ اللّہُ الْخَبِیْثَ مِنَ الطَّیِّبِ وَیَجْعَلَ الْخَبِیْثَ بَعْضَہُ عَلَیَ بَعْضٍ فَیَرْکُمَہُ جَمِیْعاً فَیَجْعَلَہُ فِیْ جَہَنَّمَ أُوْلَـئِکَ ہُمُ الْخَاسِرُونَO

" تا کہ اللہ تعالیٰ پاک سے ناپاک کو الگ کر دے اور ناپاک کو ایک دوسرے پر رکھ کر ایک ڈھیر بنا دے پھر پھر اس کو جہنم میں ڈال دے۔ یہی لوگ خسارہ پانے والے ہیں۔" (الانفال 37)

خسارے سے بچاؤ۔۔۔ مگر کیسے؟

قرآن مجید نے انسانیت کی مکمل رہنمائی فرمائی ہے۔ قرآن پاک نے جہاں خسارہ کے اسباب اور اس کے نتائج و عواقب ذکر کئے ہیں وہاں اس سے بچاؤ کے طریقے بھی بتلائے ہیں۔

سورۃ العصر بظاہر تو چند آیات پر مشتمل ہے مگر اس میں پنہاں درس و عبرت اور ہدایت و تعلیمات کا بحر بے کراں ہے۔

سورۃ العصر میں باری تعالیٰ نے انتہائی اختصار مگر جامعیت کے ساتھ اس خسارہ سے بچنے کے اسباب و عوامل بیان کئے ہیں معروف مفسر فضیلۃ الشیخ عبدالرحمن السعدی، سورۃ العصر کی تفسیر میں لکھتے ہیں :

"اللہ تعالیٰ نے خسارے کو ہر انسان کے لئے عام قرار دیا ہے سوائے اس شخص کے جس میں درج ذیل چار صفات پائی جائیں۔

۱۔ ان امور پر ایمان لانا جن امور پر ایمان لانے کا اللہ تعالیٰ نے حکم دیا ہے۔ اور ایمان علم کے بغیر نہیں ہوتا! اس لئے علم ایمان کی فرع ہے علم کے بغیر ایمان

نا مکمل ہے۔

۲۔ علم صالح۔ یہ تمام تر ظاہری و باطنی بھلائی کے افعال کو شامل ہے جو اللہ تعالیٰ اور بندوں کے حقوق واجبہ و مستحبہ سے متعلق ہوں۔

۳۔ ایک دوسرے کو حق کی وصیت کرنا یعنی اہل ایمان ایک دوسرے کو نیک اعمال کی وصیت کرتے ہیں، ان پر ایک دوسرے کو آمادہ کرتے ہیں اور نیکی کے کاموں پر ایک دوسرے کو ترغیب دیتے ہیں۔

۴۔ اطاعت الٰہی پر کاربند رہے۔ احکامات الٰہیہ کی نافرمانی سے بچنے اور پیش آمدہ مصائب پر صبر کرنے کی تلقین کرتے ہیں۔

یاد رکھئے! پہلے دو امور کے ذریعے سے بندہ مؤمن اپنے آپ کی تکمیل کرتا ہے اور آخری دو امور کے ذریعے سے وہ دیگر اہل اسلام کی تکمیل کرتا ہے۔

ان چاروں امور یعنی:

ایمان باللہ

عمل صالح

تَوَاصَوْا بِالْحَقِّ

اور

تَوَاصَوْا بِالصَّبْرِ

پر عمل پیرا ہونے والا ہی خسارہ سے محفوظ رہتا ہے اور بہت زیادہ نفع حاصل کرنے میں کامیاب ہوتا ہے۔

باری تعالیٰ سے دعا ہے کہ وہ ہمیں دنیا و آخرت کے خسارے سے محفوظ رکھے۔ آمین

***